LETTRES

ADRESSÉES

A M. LE MARÉCHAL SOULT,
MINISTRE DE LA GUERRE,

ET A M. CASIMIR PÉRIER,
PRÉSIDENT DU CONSEIL,

PAR

LE GÉNÉRAL VAUTRÉ,

AVEC QUELQUES RÉPONSES DE CES MINISTRES
ET LES OBSERVATIONS DU GÉNÉRAL.

> La tribune des députés et l'opinion publique sont aussi, dans notre gouvernement représentatif, des puissances établies pour juger et contrôler les actes du pouvoir.
> (Lettre I.)

PARIS.
ALPHONSE LEVAVASSEUR,
AU PALAIS-ROYAL.

SEPTEMBRE 1831.

LETTRES
A M. LE MARÉCHAL SOULT
ET
A M. CASIMIR PÉRIER.

IMPRIMERIE DE A. BARBIER,
Rue des Marais S.G., n. 17.

Depuis plusieurs années il n'avait paru aucune petite brochure plus faite pour exciter à un aussi haut degré l'intérêt public.

Cette correspondance n'aurait jamais vu le jour sans un acte arbitraire du gouvernement, sans un déni de justice.

La lecture de ces lettres par quelque député patriote, ami de la justice, fera sentir enfin la nécessité, déjà trop reconnue, de proposer une loi qui défende à tout ministre de prononcer des destitutions, retraites ou réformes, même d'accorder des emplois et de l'avancement, sans en donner les motifs.

Il est bientôt temps que les services publics soient à l'abri des caprices du pouvoir!

Le général Vautré met sa conduite politique et militaire sous les yeux du public, qu'il prend pour juge entre le gouvernement et lui.

N'étant pas compris sur le tableau de l'armée, il est persuadé que ce ne peut être que l'effet de la calomnie; il en demande la cause, cherche à la deviner, fait la récapitulation de sa vie, rappelle quelques beaux faits d'armes connus, et donne surtout sur l'affaire de Grenoble et le fameux Didier, PÈRE DU SECRÉTAIRE-GÉNÉRAL DE M. CASIMIR PÉRIER, des détails extrêmement curieux, ignorés jusqu'à présent.

Le lecteur peut s'attendre à trouver dans ces lettres les sentimens les plus exaltés de l'honneur militaire joints à l'amour de la patrie et de la justice.

I.

A M. LE MARÉCHAL SOULT,
DUC DE DALMATIE, MINISTRE DE LA GUERRE.

Le 31 mars 1831.

Monsieur le maréchal,

Si j'ai été extrêmement surpris de ne pas voir mon nom sur le tableau d'activité, tous mes camarades, qui me connaissent bien, en ont encore été plus étonnés et plus indignés que moi! tous croient que c'est l'effet d'une erreur, tous me poussent à vous écrire pour la rectifier, ce que d'abord, par orgueil, je ne voulais pas faire.

Ce ne serait pas sans doute à cause de mes services, toujours si mal récompensés, qu'on m'aura aussi violemment séparé de mes anciens frères d'armes? Ils sont trop connus, et de vous-même, monsieur le maréchal, qui m'avez fait l'honneur insigne de me présenter à l'empereur, le seul, je crois, de cette brave division Legrand, à la revue de Kœnisberg, en faisant de moi plus d'éloges que je ne méritais.

Je me rappelle même que vous témoignâtes beaucoup d'humeur de ce que Sa Majesté ne me nommait que major et non colonel. En vous en remerciant infiniment, je vous répondis que je préférais être major de la sorte à colonel sous la cheminée.

Je crois, au surplus, monsieur le maréchal, avoir justifié depuis à l'armée d'Italie cette flatteuse et honorable opinion que vous aviez conçue de moi : ainsi donc, ce ne peuvent être mes services militaires qui m'auront exclu du tableau.

Ce ne seront pas non plus, je l'espère, mes opinions politiques, qui m'ont valu depuis dix ans la disgrâce honorable du pavillon Marsan et de ce gouvernement occulte qui n'a cessé de me persécuter?

M'accuserait-on d'avoir été fidèle à tous mes sermens; d'avoir, ex-garde du roi, défendu le château des Tuileries au 10 août, ce qui me fit jeter dans les cachots de la Force, dont je ne sortis qu'aux massacres du 2 septembre; d'avoir servi avec dévouement mon pays sous ce gouvernement républicain que je n'aimais pas, parce qu'il faisait le malheur de ma patrie; d'avoir été enthousiaste de l'empereur quand il étouffa dans ses mains puissantes l'anarchie qui nous dévorait, en nous couvrant de gloire et de lauriers; d'avoir été l'esclave de l'honneur et de mes sermens à Louis XVIII, en conservant, en 1815, le drapeau blanc jusqu'au 19 avril dans mon régiment, malgré tous les grands souvenirs, j'avouerai même l'affection qui nous attachait à l'empereur? ce qui me valut le grand honneur des cachots pendant le reste des cent jours?

Voudrait-on, enfin, me faire un crime du plus grand service qu'il soit donné à un homme de rendre à sa patrie en arrêtant dans sa source la guerre civile?

Oui, avec trente grenadiers seulement qui ont donné, j'ai dispersé les bandes de Didier dans trois engagemens différens qui ont eu lieu; il a laissé sept morts à la porte de Grenoble, et son chef d'état-major Giovànini à Eybains. J'ai eu, de mon côté, deux officiers et une dixaine de grenadiers blessés, dont trois sont morts.

Veut-on savoir le parti que j'en tirai? Ce fut de faire employer tous les officiers de l'ancienne armée. J'avais composé ma légion de ceux qui s'étaient le mieux battus à Waterloo, à commencer par les braves Friol.

Aussi, avant cet événement, j'étais tourmenté constamment par la police du préfet Montlivault, qui m'aurait fait destituer si je n'avais donné d'aussi grandes garanties de fidélité, et s'il n'eût été plus qu'absurde de douter de moi.

Lorsque M. le duc d'Angoulême vint à Grenoble, où on lui apprit comment j'avais composé ma légion et quelles étaient les opinions politiques de mes officiers, il me dit qu'il n'y avait que moi seul capable d'un pareil miracle.

Je vous fais cet aveu, monsieur le maréchal, parce que je m'en honore, quand bien même de pareils sentimens devraient me nuire aux yeux du gouvernement actuel!

L'on arracha de la bouche du brave Giovanini, digne d'un meilleur sort, la liste de ses conjurés qu'il mâchait en mourant. Friol me l'apporta; je la jetai au feu devant lui, le priant de n'en rien dire. Je ne voulais pas moi-même les connaître ; je ne lus que le premier nom, celui du brave commandant Ravi, aujourd'hui lieutenant-colonel du 13e léger. Je voulais cacher les noms de tant de personnes, de tant de familles compromises : à mes yeux c'eût été faire des malheureux sans servir le roi.

Pour faire employer plus d'officiers, je choisissais ceux qui avaient les plus beaux services, et je leur dictais des lettres qu'ils devaient m'écrire, ainsi conçues : « Mon colonel, votre com-
» pagnie de grenadiers vient tellement de s'illus-
» trer que je vous prie de me permettre de
» prendre un fusil pour combattre à côté de Pon-
» sard, si l'occasion s'en présentait encore. »

Je donnai beaucoup d'éclat à la conduite de ce brave homme, parce qu'il sortait du bataillon de l'île d'Elbe, et que je voulais, par cet exemple, détruire les préventions de la cour contre l'ancienne armée, la rattacher au roi, et le roi à elle. Je croyais servir mon pays et mes anciens camarades. J'envoyai toutes ces lettres au ministre, et en fis employer ainsi une dixaine.

Si j'eusse été battu, Didier aurait été maître de Grenoble. Il a dit à la cour prévôtale qui le jugea qu'il aurait marché de suite sur Lyon, de là à

Paris avec cent mille insurgés. Sans doute il exagérait ses forces; mais quand bien même il aurait pu réunir cent mille hommes, il n'aurait pas changé pour cela la face du gouvernement.

Wellington, qui était à Maubeuge avec cent cinquante mille soldats, qui n'auraient encore été que l'avant-garde de toutes les armées de l'Europe, serait arrivé à Paris avant lui.

Il serait plus que ridicule de discuter de quel côté la victoire serait restée, et encore plus absurde d'imaginer que le généralissime Wellington aurait rétabli gratuitement la tranquillité en France, par amour pour nous. L'imagination est effrayée de tous les maux qui auraient accablé la patrie !

Mais, dira-t-on, vous avez versé le sang français.... Oui, et ces Français ont commencé par verser le mien! Il n'y a pas eu de provocations ici comme dans une autre ville du royaume. J'ai fait ce que je ferai toujours ; j'ai répondu par des coups de fusil aux coups de fusil qu'on tirait sur moi.

Les mêmes hommes que j'ai servis en masse après ma victoire, sans qu'ils s'en doutent encore, auraient promené ma tête en triomphe dans toutes les rues de Grenoble.

Mais pourquoi ne pas faire aussi un crime à tous les généraux des armées de l'Ouest et du Midi et au grand homme que l'on regrette encore? car c'était bien contre les sections de Paris le 13 vendémiaire, contre les Lyonnais, contre les habitans de la Vendée, contre la population des campagnes qu'ils se battaient!

Si ce n'est pas ce grand service rendu à mon pays que le gouvernement voudrait me reprocher par l'ignorance complète de ce qui s'est passé, ce sera peut-être d'avoir présidé le conseil de guerre qui jugea les hommes pris les armes à la main. Voici ce qui arriva :

Le général commandant la division me prévint qu'il allait me nommer président du conseil de guerre. Je lui dis que je n'accepterais pas, qu'il n'avait qu'à nommer le colonel des dragons de la Seine, et que je ne pouvais condamner à mort, puisque telle était l'inflexible rigueur des lois, des hommes à qui j'avais accordé la vie sur le champ de bataille. Le général insista, me nomma par son arrêté, en m'annonçant que je ne pouvais refuser, parce que le Code pénal militaire prononçait contre moi la destitution, la dégradation, et, je crois, les galères. On ne me l'aurait pas appliqué, je pense; toutefois, je ne voulus pas m'y exposer.

Je tenais si peu alors à ma carrière militaire, encore moins aux faveurs de la cour et aux récompenses de mes services, qu'indigné de la manière dont tous les journaux travestissaient, dénaturaient ces événemens de Grenoble, je demandai ma retraite au roi, qui ne voulut pas me l'accorder.

Forcé d'accepter les pénibles fonctions de président du conseil de guerre, je déclarai au général Donnadieu que j'en ferais absoudre le plus que je pourrais, et je lui dois la justice qu'il ne demandait pas mieux.

Dans le nombre des condamnés, le conseil de guerre en recommanda six ou sept à la clémence du roi, sous le spécieux prétexte qu'on les avait embauchés malgré eux. Le général Donnadieu y en ajouta un de sa main avec le plus vif intérêt, sur la pressante recommandation de M. Casimir Périer ou d'un de ses frères de Grenoble.

Le conseil de révision ratifia le jugement; il était présidé par le général Devilliers, porté sur le tableau d'activité et bien digne d'y figurer sous tous les rapports.

Ainsi donc, ce ne peut être ici la cause de ma disgrâce, puisque le président du conseil de révision est conservé sur le tableau d'activité. Une mesure de ce genre, prise par le gouvernement, serait en vérité par trop absurde, par trop partiale, par trop inique!

Cependant, comme il y a des gens qui prétendent que c'est plutôt le jugement que ma victoire que le gouvernement voudrait condamner, vous me permettrez, monsieur le maréchal, de m'étendre ici, d'y faire des applications, des comparaisons.

Pourquoi porte-t-on sur le tableau de réserve le général Villatte, qui a voté la mort de l'innocent général Marchand, que tous les plus grands royalistes de Grenoble, témoins de l'événement, ont cherché à sauver avec nous? Les plus sévères n'accusaient ce brave et illustre général que d'avoir perdu la tête devant l'empereur, et jamais de trahison.

Quel est donc celui qui aurait pu lutter contre ce grand homme portant avec lui le cœur et l'amour de tous les soldats? serait-ce le général Villatte?

Le général Marchand ne put être jugé que sur la question intentionnelle, et la majorité du conseil, contre le vote du président Villatte, l'absout.

Mais à Grenoble nous n'eûmes pas la ressource de la question intentionnelle, dont nous nous serions emparés avec joie : c'est sur des faits matériels que nous allions prononcer! Les prévenus étaient-ils venus en armes nous attaquer pour changer la forme du gouvernement? étaient-ce bien eux? Les juges, tous officiers en demi-solde de l'ancienne armée, votèrent par *oui* ou *non* sur cette seule question, le président le dernier. Le capitaine rapporteur, faisant fonctions de commissaire, donna ses conclusions, et requit l'application de la loi, dont il lut l'article. Le conseil de révision, présidé par le général Devilliers, confirma le jugement.

Mais veut-on savoir à présent comment notre demande en grâce fut accueillie par le gouvernement? Le télégraphe donna l'ordre de tuer de suite. Ainsi ces malheureux sont à mes yeux morts deux fois.

Dois-je nommer les personnages qui composaient alors le conseil du roi, et qui ordonna cette sanglante tragédie, qui lui parut sans doute nécessaire à la tranquillité publique et au salut de l'État? C'étaient Messieurs :

Le vertueux duc de Richelieu, président du conseil, aux affaires étrangères ;

Le grand citoyen (selon moi) M. Lainé, à l'intérieur ;

Mon digne ami le général Dessoles, ministre d'État, du conseil privé ;

Le duc de Feltre, à la guerre ;

Le grand capitaine, si digne de l'ancienne Rome, le maréchal Gouvion Saint-Cyr, à la marine ;

L'homme le plus odieux au gouvernement occulte de cette époque, M. le duc Decazes, à la police ;

Le baron Louis, bien aussi patriote alors qu'aujourd'hui, aux finances ;

Le ministre d'État, véritablement homme d'État, qui a si parfaitement rendu les sentimens de tous les bons Français lorsqu'il a dit *la France avant tout*, M. le comte Molé, aux ponts et chaussées ;

Enfin, pour compléter ce tableau, le président de la Chambre des pairs actuel, le baron Pasquier, ministre de la justice, dans les attributions duquel rentraient les jugemens des conseils de guerre et de révision, ainsi que nos demandes en grâce, qui ne furent point écoutées !

Tels sont les ministres qui composaient alors le conseil de Louis XVIII, tels sont les personnages respectables et patriotes qui ont ordonné la mort des coupables que nous voulions sauver, et qui, dans l'intérêt de l'État sans doute, furent plus cruels que les conseils de guerre et de révision, qui ne pouvaient au surplus qu'appliquer les lois, et que le général de division lui-même, gémissant de n'avoir pu obtenir la grâce de l'homme que lui avait demandée M. Périer.

Des noms aussi grands aux yeux de toute la France que ceux qui formaient alors le gouvernement doivent faire taire enfin toutes les calomnies qu'on a pu débiter sur l'affaire de Grenoble et sur ses suites.

Puisqu'on m'a forcé à une démarche toujours humiliante à mes yeux, celle de me justifier pour la première fois de ma vie, je demande une réparation qui m'est due.

Depuis dix ans je n'étais pas employé, malgré la bonne volonté des ministres, de M. de Caux au moins; je devais cette longue disgrâce à la congrégation et à son stupide chef, que la nature a mis au monde pour le malheur de la France et celui de sa famille. Je demande, en conséquence, le grade de lieutenant-général, que j'ai d'ailleurs beaucoup mieux gagné sur les champs de bataille, et dans tous les temps par ma loyauté, que la plupart de ceux que je vois figurer sur le tableau.

Si l'omission de mon nom n'est pas une erreur de bureau, elle n'est pas non plus, monsieur le maréchal, une mesure de votre choix.

Je vous prie donc de vouloir bien mettre ma lettre sous les yeux du conseil, de qui j'attends réparation.

Si je ne l'obtenais pas, je m'adresserais au roi, qui me rendrait justice; mais dans le cas où sa politique ne lui permettait pas de le faire, il me resterait encore de soumettre ma conduite, c'est-à-dire cette lettre, à la tribune des députés et au jugement du public, puissances établies dans notre gouvernement représentatif pour juger et contrôler les actes du pouvoir.

Je serais désolé, monsieur le maréchal (vous le sentez bien), d'être réduit à des démarches qui pourraient peut-être vous déplaire.

Je ne puis oublier les sentimens d'admiration que vos grands talens militaires m'inspiraient lorsque vous me conduisiez vous-même à la victoire, ni effacer de mon esprit cette vive reconnaissance que je vous devais pour les distinctions flatteuses dont j'étais personnellement honoré par un aussi grand capitaine que vous, à ces époques de gloire et de triomphe.

Mais mon honneur offensé, cet honneur souverain guide de ma vie pendant les quarante années de révolutions que nous avons traversées, *et qui malheureusement peut-être ne sont pas encore finies*, les intérêts les plus chers de ma nombreuse famille et la justice que je réclame enfin, et qui est due à tous, sont plus forts que ces nobles sentimens que je vous porte.

Daignez, monsieur le maréchal, m'accuser réception de ma lettre, et agréer en même temps l'hommage du plus profond respect avec lequel j'ai l'honneur d'être

Votre très-humble serviteur,

Le maréchal-de-camp baron DE VAUTRÉ.

II.

AU MÊME.

Paris, 8 avril 1831.

Monsieur le maréchal,

J'ai eu l'honneur de vous écrire, le 31 du mois dernier, une très-longue lettre que je vous priais de mettre sous les yeux du conseil et de m'en accuser réception.

En attendant que le conseil des ministres prononce sur son contenu ce que bon lui semblera, je vous prie derechef, monsieur le maréchal, de vouloir bien avoir la bonté de me prévenir que vous l'avez reçue.

Toutes les démarches que je fais sont destinées à recevoir la plus grande publicité.

Si j'en croyais mes camarades à qui j'ai lu la copie de la lettre que j'ai eu l'honneur de vous adresser, déjà j'aurais dû l'avoir fait imprimer avec mon Rapport au roi en 1817, afin d'éclairer la religion du public sur les événemens de Grenoble, que le gouvernement d'alors crut devoir taire et dénaturer, et en même temps pour dissiper entièrement les fausses impressions qui en étaient restées dans l'esprit de mes meilleurs amis.

Mais ces mêmes amis qui me reprochent, dans l'intérêt seul de ma réputation, de n'avoir pas fait imprimer à cette époque mon Rapport sur l'affaire de Grenoble, ne savent pas que cela me fut défendu; ils ignorent que le général Dessoles, tenant par intérim le portéfeuille de la guerre, me conseilla de ne pas le faire, de mépriser toutes les calomnies, qui ne pouvaient blesser ma réputation, selon lui, trop bien établie; et qu'enfin le roi lui-même, Louis XVIII, par la bouche de M. le duc de Duras, son premier gentilhomme de service et vivant encore, me pria fortement de ne donner à mon Rapport *aucune suite, aucune publicité.*

M. de Duras ajouta que Sa Majesté l'avait aussi chargé de me dire qu'elle connaissait toute la vérité, et que mon rapport était le seul exact qu'elle ait reçu.

Je vous avouerai, Monsieur le maréchal, que je suis extrêmement impatient d'être dégagé des liens de la discipline militaire, de la subordination qui me retiennent encore, pour pouvoir donner à cette affaire le cours qu'elle doit avoir.

L'omission de mon nom sur le tableau m'aura procuré la plus douce jouissance possible par la manifestation universelle des sentimens d'amitié de tous mes anciens camarades, leur affliction et l'explosion de leur profonde indignation sur la mesure inique prise à mon égard.

J'ai l'honneur d'être, etc.

III.

AU MÊME.

Paris, le 10 avril 1831.

Monsieur le Maréchal,

Mes lettres des 25 mars et 8 avril étant restées sans réponse, je dois penser que vous avez cru devoir n'y donner aucune suite.

Destinées par leur nature plus politique que militaire à être mises sous les yeux du conseil des ministres, vous trouverez bien, Monsieur le maréchal, que je le fasse moi-même, puisque vous n'avez pas jugé à propos de vous en charger comme je vous en avais prié.

L'intérêt de mon honneur m'oblige à faire connaître des faits ignorés jusqu'à ce jour, et dans lesquels j'ai joué un aussi grand, un aussi beau rôle !

Oui, Monsieur le maréchal, l'expression n'est pas trop forte : c'est celle de M. Decazes.

Plus de quinze mois après, ne l'ayant jamais vu, et étant annoncé par l'huissier dans son salon, ce ministre tout-puissant se lève, vient à moi, et par une exclamation qui me frappa réellement, il s'écria : Ah ! général, quel grand service vous nous avez rendu là !!!

M. le duc Decazes, Monsieur le maréchal, ne voulait pas dire que j'avais rendu un grand service au ministère (ce qui eût été encore fort honorable pour moi), mais bien à ma patrie !

Oui, Monsieur le maréchal, je crois avec orgueil avoir rendu dans ce moment à ma patrie plus de *véritables services* que vous-même avec toutes vos victoires ; car, jusqu'à ce jour, vous n'avez pas encore arrêté une guerre civile dans son origine ; une guerre civile, le plus grand fléau que Dieu puisse infliger aux nations dans sa colère !

J'ai l'honneur d'être, etc.

La lettre suivante, bien que datée du 8 avril, fut évidemment écrite après que le ministre eut pris connaissance de la précédente puisque je ne la reçus que le 11.

IV.

Ministère de la Guerre. — Direction de l'Infanterie. — Bureau des Etats-Majors.

Paris, le 8 avril 1831.

Général, j'ai reçu les deux lettres par lesquelles vous réclamez contre votre exclusion du tableau d'activité de l'état-major général de l'armée.

Le conseil de MM. les maréchaux de France, institué en exécution de l'ordonnance du 15 novembre 1830, ne vous ayant pas compris au nombre des officiers généraux destinés à faire partie des cadres d'activité ou de réserve, et ces deux cadres ayant été définitivement organisés par ordonnance du roi du 22 mars dernier, il ne m'appartient plus de changer votre position.

Vous êtes libre, au surplus, de porter votre

réclamation à la chambre des députés, si vous le jugez convenable.

Recevez, général, l'assurance de ma considération distinguée.

Le ministre secrétaire d'état de la guerre,

Pour le ministre et par son ordre,
Le lieutenant-général directeur,
St.-Cyr Nugues.

A M. le baron de Vautré, maréchal-de-camp.

V.

A M. LE PRÉSIDENT
DU CONSEIL DES MINISTRES.

Paris, le 15 avril 1831.

Monsieur le président du conseil,

J'avais adressé le 31 mars une très-longue lettre au ministre de la guerre, en le priant de la mettre sous les yeux du conseil pour qui elle était destinée.

J'avais renouvelé ma prière les 8 et 10 de ce mois : ci-joint copie de ces pièces qui méritent de fixer toute votre attention par leur importance. MM. les maréchaux ont été appelés par l'ordonnance du 15 novembre 1830 à prononcer sur le sort des officiers généraux : mesure illégale, contraire à nos lois. Leur position ne leur permettait que de juger du mérite des actions militaires. Ils n'avaient aucun caractère pour émettre leurs opinions sur des faits politiques qu'ils ne pouvaient connaître, et encore sans demander des éclaircissemens sur des dénonciations plus ou moins calomnieuses déposées dans des dossiers.

Quant à mes services militaires sur les champs de bataille, je n'ai rien à envier à personne. Dans les commandemens subordonnés qui m'ont été confiés, je puis dire n'avoir jamais été battu. J'ai eu quelquefois des actions d'éclat.

Dans la campagne de 1809, à l'armée d'Italie, simple major, je me fis un nom aussi beau peut-être que la plupart des généraux de cette armée. M. le maréchal Macdonald se rappellera que, major du 84ᵉ, je couvrais l'armée devant Caldière avec deux bataillons, lorsque le comte de Nugent, chef d'état-major de l'archiduc Jean, vint en parlementaire à mes avant-postes pour rendre le général Sorbier, blessé et pris la veille. Le maréchal se rappellera que je lui demandais à grands cris, en présence de M. de Nugent et du général Broussier, l'honneur d'attaquer les Autrichiens, malgré que nous eussions été repoussés la veille; il se rappellera que je lui expliquai, devant M. de Nugent lui-même, les mouvemens de retraite de leur armée, comme si j'eusse été au milieu d'elle; qu'après avoir obtenu de reconnaître le village de San-Bonifacio, le maréchal monta à cheval, en alla rendre compte au vice-roi qui ordonna de se porter en avant. Je laisse à penser à M. le maréchal, duc de Tarente, si, sans mes prévisions et mes instances, on eût repris ce jour-là l'offensive qui ne fut plus qu'une continuité de victoires jusqu'à la paix.

Le général Desaix, ne m'ayant jamais vu et ne me connaissant que de réputation, me demanda pour commander un de ses deux régimens de voltigeurs d'avant-garde. Il me cita dans tous ses rapports, particulièrement aux journées de la Piave, San-Daniel et Malborghet. A cette dernière affaire, j'eus le bonheur, avec trois cents voltigeurs, de chasser devant moi deux mille Autrichiens qui occupaient les montagnes de droite regardées jusqu'alors comme inexpugnables. J'exécutai cette attaque contre l'opinion du général Valentin envoyé pour me soutenir, et qui en resta dans l'admiration : je tournai le fort, ouvrant la route à l'armée française qui le prit d'assaut le lendemain.

A mon arrivée à Vienne je donnai ma démission à l'empereur : pour réponse il me nomma colonel du 9e de ligne, le seul régiment cité dans le bulletin de cette grande bataille de Wagram.

Le général Reille, alors aide-de-camp de l'empereur, et de service, en m'annonçant cette nouvelle, me dit qu'il était sans exemple qu'un officier ait donné sa démission à l'empereur sans se perdre, qu'il était réservé à moi seul d'en obtenir de l'avancement, et encore le grade de colonel auquel il attachait tant d'importance.

Le général Reille ajouta que Sa Majesté m'avait nommé en même temps officier de la Légion-d'Honneur.

L'on n'a lithographié que deux faits d'armes de la campagne de 1812, et ce sont les deux miens. Le premier, au combat de Vitepsk, lorsque mes deux compagnies de voltigeurs repoussent avec perte les cosaques de la garde impériale russe; le second, à la grande bataille de la Moscowa, lorsque le vice-roi, me faisant l'honneur de laisser toute la première brigade de la division, vient se mettre à la tête de mon régiment pour marcher sur la grande redoute que je conservai, ce qui influa puissamment sur le gain de la bataille : mes états de service en font foi.

S'il n'y avait pas une sorte de vanité de ma part, quoique bien légitime, je répéterais que le vice-roi a souvent dit que j'étais beau, superbe, ce jour-là! Les militaires connaissent toute la valeur de ces paroles dans la bouche d'un général d'armée comme le prince Eugène surtout!

Entrés dans la redoute, nous prîmes le lieutenant-général russe qui la défendait. Je ne m'arrêtai pas là; je marchai en avant, seul avec mon régiment, sans être soutenu, rejetant les débris de cette division russe sur leur seconde ligne.

J'y reçus trois graves blessures : une balle à la tête qui m'ouvrit le péricrâne, un biscayen qui me traversa l'épaule droite, et un boulet qui me renversa de mon cheval. Comme mes grenadiers me portaient à l'ambulance, mon général vint au-devant de moi me dire que je m'étais couvert de gloire.

Par goût j'aime mon obscurité. Pourquoi faut-il qu'on me force à parler de mes campagnes, plus belles que celles de ces hommes qui prononcent avec tant de légèreté! Non, certainement, ce n'est pas moi qui ai fait lithographier ces deux faits d'armes, comme il arrive à tant d'autres qui ont pourtant plus de défaites que de victoires à raconter.

Dans ma lettre du 31 mars où je fais ma profession de foi, récapitulant les principaux événemens de ma vie, j'ai cru devoir m'étendre sur ceux de Grenoble, plus politiques que militaires, sur lesquels le gouvernement seul peut prononcer, et non pas des maréchaux de France qui les ignoraient complètement.

Croient-ils donc, ces maréchaux, rendre ainsi

la justice? Ne ressemblent-ils pas à cette chambre des pairs dont ils font partie, qui envoie à la mort le maréchal Ney, et seulement en prison des ministres mille fois plus criminels?

Grand Dieu! ma patrie n'aura-t-elle donc jamais de lois égales pour tout le monde, et de juges impartiaux pour les faire exécuter!!!

Quant à la révolution de juillet, personne ne l'a vue, ne la voit encore avec plus de plaisir que moi, malgré l'iniquité qui m'a frappé.

Le lundi matin, à la lecture des ordonnances de la veille, je vis déjà cette révolution comme accomplie avec la chute inévitable du trône de la branche aînée des Bourbons. MM. le général Puthod, Lambot, de Surval, intendant de monseigneur le duc d'Aumale, le comte de Labédolière, etc., etc., attesteront tous le résultat que je leur prédis, et qu'ils ne voulaient pas croire.

Mes amis MM. de Villevesque et de Bondy, avec qui je passai la soirée, sont là pour témoigner qu'en développant mes idées sur cette catastrophe, certaine à mes yeux, je conclus par déclarer qu'il ne nous resterait plus qu'à nous jeter dans les bras du duc d'Orléans qui seul pouvait nous sauver de l'anarchie et de la guerre civile.

Mes paroles sûrement devaient être bien pleines

de chaleur et de vérité; car M. de Bondy donna un grand coup de poing sur la table, en disant: *Oui, général, vous avez raison!* M. de Villevesque était peut-être de nous trois celui qui paraissait encore le plus effrayé de notre avenir.

Dès le lundi matin j'étais donc déjà compromis envers la cour de St.-Cloud. J'avais manifesté avec trop de force mes sentimens pour le duc d'Orléans, et en présence de trop de monde, pour qu'ils restassent ignorés!

J'ai passé toute la grande semaine avec MM. de Villevesque et Bondy, surtout le premier; nous ne nous quittions pas.

Il est vrai que je n'ai point offert mon épée avant l'acceptation du lieutenant-général du royaume, comme quelques-uns de mes camarades *qui, au surplus, n'en ont fait aucun usage.*

Il est des devoirs de position et d'honneur, bien ou mal entendus, qui lient les hommes de guerre et sont plus forts que leurs sentimens.

Le vendredi matin, M. de Balzac arriva de St.-Cloud chez M. de Villevesque avec la mission de faire reconnaître le duc de Bordeaux.

M. de Villevesque lui répondit qu'il était trop tard.

L'explosion de mes sentimens sur les horreurs qui s'étaient passées, ordonnées par Charles X, la lâcheté de ce roi, celle de son fils; le tableau hideux et frappant que j'en fis, firent reculer M. de Balzac qui entraîna M. de Villevesque dans sa chambre à coucher. Je ne le revis plus : il en sortit par une porte dérobée pour retourner à St.-Cloud, rendre compte de sa mission et de mes sentimens sans doute.

Le lendemain samedi, vers les sept heures du matin, chez M. de Bondy où il y avait plusieurs députés, en expliquant avec la même chaleur la nécessité de se jeter dans les bras du duc d'Orléans, le seul à mes yeux qui, *dans ce moment-là*, pouvait sauver la patrie des fléaux de la guerre civile, je témoignais la plus vive inquiétude qu'il n'acceptât pas le pesant fardeau de la couronne.

M. de Villevesque, si attaché à la maison d'Orléans, comme toute sa famille, pensant si parfaitement comme moi, me proposa d'aller ensemble au Palais-Royal où il était admis quand il le voulait, afin de nous en assurer.

J'y fus reçu sous ses auspices. M. de Berthois, sortant du cabinet de son Altesse Royale, vint à moi. « Eh bien! lui dis-je, le prince accepte-t-il? — Oui, me répond cet aide-de-camp. » Mon explosion de joie fut grande : nous nous serrions la main tous trois.

M. de Berthois me dit ensuite : « Général, vous ne verrez pas le prince; il ne reçoit que les députés; à présent il est avec le général Sébastiani. »

Dans ce moment arriva M. Benjamin Constant, nous apportant la grande nouvelle que M. de Lafayette, qu'il venait de quitter, se réunissait à nos vœux. Par là, je voyais cette grande révolution terminée heureusement.

Ne pouvant voir le prince, j'écrivis sur-le-champ mes offres de services ainsi conçues :

« Le maréchal-de-camp, baron de Vautré, est venu offrir ses services à monseigneur le duc d'Orléans, lieutenant général du royaume et son ancien général en chef. »

M. de Villevesque les lui remit.

Au sortir du Palais-Royal, je courus chez mes camarades Rogniat, de Laistre et Warenghen, pour leur faire faire les mêmes démarches. Je croyais servir encore la cause dans ce moment, en compromettant avec moi mes amis aux yeux de la cour de Saint-Cloud.

Je me flatte que le conseil des ministres m'accordera la réparation qui m'est due, sans être obligé de recourir à la justice du roi.

C'est dans cet espoir, monsieur le président, que je vous prie d'agréer l'hommage du profond respect avec lequel j'ai l'honneur d'être, etc.

VI.

A M. LAISNÉ DE VILLEVESQUE,
QUESTEUR DE LA CHAMBRE DES DÉPUTÉS.

Paris, le 16 avril 1831.

Il est impossible à qui que ce soit de prévoir des calomnies qu'il ne peut pas même imaginer, conséquemment y répondre.

Hier, mon cher questeur, pendant que je dînais chez vous, M. le colonel Perregaux était venu pour me voir. Il a raconté à madame de Vautré qu'on lui avait dit qu'on me reprochait d'avoir empêché l'avocat des prévenus de parler.

Il y a des gens si légers, si crédules, qu'on leur persuaderait aisément que quelqu'un a emporté dans ses poches les tours de Notre-Dame. Ils répondraient seulement que le voleur devait être un sorcier. Si le président du conseil de guerre, qui jugea les prisonniers de Grenoble, eût ôté la parole au défenseur officieux, quelqu'ignorant qu'il pût être des lois et des formes de la justice, il n'aurait pas manqué sans doute d'en tirer parti, et aurait eu beau jeu pour gagner son procès.

Pourquoi ne pas dire au président que, puisqu'il l'empêchait de parler, son ministère devenait inutile, qu'alors il se retirait, protestant devant le conseil, en présence de tout l'auditoire, qu'il aurait pris à témoin contre tout jugement à intervenir à l'égard de ses clients; déclarer en même temps qu'il allait porter sa protestation au président du conseil de révision, pour demander, dans ce cas, la cassation du jugement; que de plus, il allait en adresser copie au garde-des-sceaux, par la voie du télégraphe, afin d'arrêter l'exécution d'un jugement évidemment aussi illégal.

Certainement il y aurait eu de la démence de la part des conseils de guerre, de révision, du général commandant, et de M. Pasquier, ministre de la justice, de vouloir passer outre.

Si un jugement de cette nature eût été rendu, confirmé et exécuté, *par impossible*, le conseil des ministres composé d'hommes aussi éminemment patriotes que ceux de cette époque, aussi humains et savans dans nos lois que MM. le duc Decazes, baron Pasquier et vicomte Lainé, n'aurait pas ordonné de tuer de suite ceux dont ce même conseil de guerre avait demandé la grâce!

Autant que je puis me le rappeler, l'avocat divaguant comme il arrive si souvent au barreau, et étant sorti de la question, je lui observai que le conseil de guerre n'avait à prononcer que sur un seul fait, un fait matériel, savoir si les accusés étaient venus les armes à la main nous attaquer pour changer la forme du gouvernement; je l'engageai en conséquence, dans l'intérêt même des prévenus, à se renfermer dans cette seule question, et à tâcher de prouver qu'ils n'y étaient pas, que ce n'étaient pas eux.

Encore aujourd'hui, je n'aurais pas d'autres conseils à donner à un défenseur officieux, s'il voulait gagner sa cause.

Comme vous m'avez dit, mon cher ami, que vous dîniez demain chez le président du conseil des ministres, je vous prierais d'avoir la bonté de lui remettre cette lettre, afin qu'il daignât la joindre aux pièces que j'ai eu l'honneur de lui adresser hier 15

Vous savez qu'elles sont toutes destinées à être imprimées, si je n'obtenais pas réparation et justice. Il est donc important qu'elles soient lues en conseil des ministres pour vérifier les faits. Dites-le à M. le président.

Avec ses grandes et nombreuses occupations, je sens bien que la lecture de tant de détails le fatiguera. Mais je n'ai pu faire autrement, ne sachant pas encore précisément de quoi l'on m'accuse.

Tout à vous, etc.

VII.

A M. LE PRÉSIDENT
DU CONSEIL DES MINISTRES.

Paris, le 25 avril 1831.

MONSIEUR LE PRÉSIDENT DU CONSEIL,

J'ai eu l'honneur de vous transmettre, le 15 de ce mois, copie de trois lettres que j'avais adressées à M. le ministre de la guerre, les 31 mars, 8 et 10 avril.

M. de Villevesque, mon excellent ami, s'est chargé de vous en remettre une le 17 pour être jointe à ces autres pièces. Elle contiennent toutes, monsieur le ministre, des explications ou plutôt des réfutations victorieuses, contre des dénonciations *que je suppose encore, car on ne m'a rien dit jusqu'alors*, remplies de calomnies sur les évènemens de Grenoble, où j'ai joué un si beau rôle: évènemens sur lesquels MM. les maréchaux de France, à moins d'absurdité, n'avaient aucun avis à donner, puisqu'ils ne pouvaient les connaître!

Et vous-même, monsieur le président des ministres, mieux placé qu'eux, vous ignorez encore toute l'étendue du service que j'ai rendu à ma patrie dans cette circonstance, en arrêtant, à la porte de la ville qui vous a vu naître, cette folle insurrection de Didier, dont les complices avaient déjà marqué à la craie les maisons destinées au massacre et au pillage, et dont votre propre famille eût été sans doute la victime; car elle était trop riche pour être exceptée.

Vous savez sans doute ce qu'était ce Didier, né pour être le fléau de son pays, et dont la mémoire sera entachée de tout le sang qui a coulé à cette malheureuse époque.

Homme d'intrigues et de moyens, il s'occupa de radiations d'émigrés au temps de la république; il se faisait payer fort cher. MM. les marquis et chevaliers de Marcieu lui donnèrent cinquante et quelques mille francs pour la leur, (je le tiens d'eux-mêmes.)

A la première restauration, il se prononça royaliste outré. Il avait fait un ouvrage de dévotion. Ses principes politiques et surtout religieux lui valurent, de *Monsieur*, l'emploi de maître des requêtes.

Au retour de l'empereur, il fit volte-face, se jeta dans les bras du grand homme, qui nomma son fils préfet. Louis XVIII, de retour de Gand, ne put plus rien pour un semblable intrigant.

Alors Didier, au désespoir, imagina des conspirations, des révolutions. Il déclara, devant le général Donnadieu et M. le comte d'Agoust, aide-de-camp du ministre, vivants tous deux, qu'il avait passé deux heures dans le cabinet du prince de Talleyrand, la veille de son départ de Paris pour Grenoble. Je n'en crus et n'en crois rien; mais, depuis cette révélation, vraie ou fausse dans la bouche d'un homme qui devait monter sur l'échafaud, la disgrâce de M. de Talleyrand fut consommée sans retour sous la dynastie déchue.

Ce qu'il y a de plus exact que son entrevue avec ce prince, c'est que Didier promettait aux hommes qu'il séduisait, des trésors et la liberté; qu'il faisait donner à chacun trente sous et un pain, en partant de Lamure, bourg d'Oissan; que le lendemain ils devaient être dix mille sur la place Grenette, à jouer aux boules, c'est-à-dire à couper des têtes.

Où Didier avait-il pris cet argent qu'il distribuait? pour qui, dans quel intérêt agissait-il? c'est ce qu'il n'a jamais voulu dire.

J'aurais mille choses curieuses à raconter sur ce trop fameux drame. Le résultat de cette affaire parut d'autant plus admirable que je l'obtins avec trente grenadiers, trente Dauphinois.

Demandez, monsieur le ministre, à vos compatriotes? ils vous diront tous que ce fut un miracle : jusqu'à Didier lui-même qui le disait, le répétait au général Donnadieu, et de plus le croyait. Trompé dans tous ses calculs, ses sentimens religieux lui faisaient voir la main divine là où je ne trouvais rien que de très-naturel. Certainement, Dieu m'aurait fait trop d'honneur de se servir du bras d'un incrédule de ma sorte pour opérer des miracles.

Quelles que soient les injustices révoltantes dont l'ignare Charles X et sa stupide congrégation m'aient frappé depuis dix ans, quelles que soient les iniquités dont le gouvernement actuel pourrait encore m'accabler, je ne m'en féliciterai pas moins éternellement de l'immense service que j'ai rendu à ma patrie, dans vos propres foyers, à cette époque.

Je me rappellerai toujours avec délices la reconnaissance outrée dont vos compatriotes me comblèrent, l'ovation incroyable dont je fus l'objet, le triomphe que je reçus en rentrant dans Grenoble par la population entière de cette grande ville, qui se précipitait sur mon passage, ou m'accueillait de toutes les croisées par des acclamations indicibles, et enfin cette épée, le plus beau monument de gloire que je puisse laisser à mes enfans, et sur laquelle on fit graver cette belle devise que je saurai toujours soutenir : *Vautré, fidélité, courage. Nuit du 4 au 5 mai* 1816; épée qui me fut votée par le département de l'Isère, plus d'un mois après, lorsque l'enthousiasme du moment était dissipé, et que l'on eut reconnu toute l'importance du service que j'avais rendu au pays.

Aussi ces grands souvenirs me rendent-ils Grenoble plus chère qu'à vous-même, monsieur le ministre, quoique ce soit votre ville natale.

Je vous prie, monsieur le président du conseil, de daigner vous faire remettre mon dossier tout entier, avec les dénonciations calomnieuses qu'on y aura glissées, de les peser avec les lettres que j'ai eu l'honneur de vous écrire, ainsi qu'au ministre de la guerre, et de prononcer ensuite ce que vous croirez convenable, vous prévenant seulement que je ne veux pas de grâce, (ce mot seul me révolterait) mais réparation.

Au **surplus**, je ne fais aucun doute de l'obtenir **du conseil des ministres**, et je suis persuadé qu'il **ne me** forcera pas à recourir à la justice du roi.

Dans l'impatience où je suis de voir cette affaire terminée d'une manière ou d'une autre, vous ne trouverez pas mauvais, monsieur le président des ministres, que je vienne insister aussi vivement de vous en occuper le plus promptement possible.

Veuillez avoir la bonté de m'accuser réception de toutes ces pièces et agréer, en même temps, l'hommage du profond respect avec lequel j'ai l'honneur d'être, etc.

VIII.

Réponse antidatée à ma lettre du 25 avril. Ma lettre fut reçue et lue le 25, vers midi, et le 26, au matin, je reçus la réponse suivante :

Cabinet du Ministre de l'intérieur.

Paris, le 23 avril 1831.

Monsieur le baron, je m'empresse de vous annoncer que je viens de transmettre à monsieur le ministre de la guerre la lettre que vous m'avez fait l'honneur de m'écrire et par laquelle vous demandez à être remis en activité.

Agréez, monsieur le baron, l'assurance de ma considération très-distinguée.

Pour le président du conseil, ministre secrétaire d'état de l'intérieur,

Le secrétaire général du ministère de l'intérieur,
DIDIER.

A M. le maréchal-de-camp baron de Vautré.

IX.

A M. LE PRÉSIDENT
DU CONSEIL DES MINISTRES.

Paris, le 27 avril 1831.

Monsieur le président du conseil,

J'ai reçu avant-hier soir à 9 heures la lettre que vous m'avez fait l'honneur de m'écrire, en date du 23 de ce mois.

Vous me dites, Monsieur, que vous vous empressez de m'annoncer que vous avez transmis au ministre de la guerre la lettre par laquelle je demande à être remis en activité.

Je vous demande un million de pardons; mais vous ne m'avez pas compris, ou plutôt, je vois que vous n'avez pas pris la peine de lire ma volumineuse correspondance avec le ministre de la guerre et vous-même. Je le conçois parfaitement à cause de vos nombreuses occupations; cependant vous me permettrez de vous dire qu'il faudra bien que vous le fassiez, et en conseil des ministres, *si toutefois l'on veut rendre justice;*

cette affaire est trop importante pour qu'elle en reste-là!

J'ai l'honneur d'être, etc.

Le surlendemain de cette lettre, je reçus une invitation de la part du président du conseil, pour passer chez le chef de division de la police générale du royaume. Ce Monsieur me reçut avec la plus grande politesse, me faisant les excuses du ministre, de ce qu'il ne pouvait me recevoir; mais qu'avec lui ce serait la même chose.

J'insistais toujours pour qu'un rapport fût fait en conseil des ministres, avec mon dossier et toutes les pièces. Il me répondit qu'on n'en avait pas le temps et qu'on ne le ferait pas. Je lui observai que ce n'était cependant pas ici une petite affaire. *Oh! très-grande sans doute*, ajouta-t-il.

Après quelques explications, il m'annonça qu'il allait en rendre compte au ministre.

Je repassai le lendemain chez lui pour en connaître le résultat. Je demandai à ce chef de division ce qu'avait décidé le ministre; si l'on ferait un rapport de mon affaire, ou si l'on m'accorderait la réparation qui m'était due?

Il me répondit que M. Casimir Périer lui avait dit: *qu'au surplus cette affaire ne le regardait pas personnellement, qu'elle ne s'était pas passée sous son ministère.....* ensuite il me répéta plusieurs fois que c'était une affaire à concilier, en m'engageant à voir le ministre lui-même, à ce sujet.

J'écrivis en conséquence à M. le président du conseil, ma conversation avec son chef de division, en lui demandant un rendez-vous.

Quelques jours s'écoulèrent lorsque j'en reçus un de sa part avec son secrétaire général. Les bras m'en tombèrent! et je suis encore à m'expliquer comment M. Didier, dont mon digne ami, le général Excelmans, m'a fait le plus grand éloge, ait bien voulu se résigner à traiter avec moi d'une affaire qui devait lui rappeler d'aussi cruels souvenirs, et à moi d'aussi tristes, quoique j'en fusse la cause très-innocente, sans doute.

Comprend-on que M. Casimir Périer ait pu oublier toutes les convenances humaines, jusqu'à charger d'une entrevue avec moi, le fils d'un homme que ma victoire conduisit devant la cour prévôtale de Grenoble, qui l'envoya à l'échafaud? Je souffrais véritablement pour M. Didier, dont la position devait être pénible en me voyant pour la première fois. Embarrassé sans doute, il aborda mal la question. N'eut-il pas l'incroyable idée de me demander ce que je voulais au ministre? Je ne pus m'empêcher de lui répondre : Eh Monsieur, vous le savez bien ce que je veux! je l'ai assez écrit au président du conseil. Ne venez pas me dire que vous n'avez pas lu mes lettres. Oui, Monsieur, vous et votre ministre les avez toutes lues. Vous savez donc ce que je demande, *un rapport en conseil, puis justice.* S'il n'a pas le temps de s'occuper des affaires les plus importantes de l'état, qu'il quitte et laisse ce fardeau à d'autres plus capables que lui de le porter. Aujourd'hui peut-être, il est trop tard pour concilier cette affaire-là. Avec toutes ces tergiversations, ces indécisions perpétuelles, on m'a forcé de m'adresser au roi. Il a toute ma correspondance avec le maréchal Soult et M. Casimir Périer, et je dois croire, je ne doute pas même, qu'il ordonnera un rapport pour faire rendre justice à qui de droit.

Monsieur, vous direz au ministre que je me renferme dans ce que je lui ai écrit.

M. le secrétaire général ne répondant que par des inclinations de tête respectueuses à tout ce que je lui disais, je le saluai et le quittai, le cœur rempli d'une noble commisération pour lui et de sentimens bien différens pour son ministre.

Mon affaire terminée avec le président du conseil et soumise au roi, j'attendis avec respect et résignation que Sa Majesté lût ma correspondance et ordonnât ensuite ce qu'elle croirait convenable.

Deux mois s'écoulèrent sans que j'en entendisse parler, lorsque je reçus l'avis de ma mise à la retraite.

Croyant alors que le roi n'avait pas lu ou ne

lirait pas ces pièces, je les réclamai le 3 août à monsieur le secrétaire du cabinet particulier, qui me fit l'honneur de me répondre la lettre ci-contre :

X.

Cabinet du Roi.

Paris, le 5 août 1831.

Monsieur, j'ai reçu la lettre que vous m'avez fait l'honneur de m'écrire. Les papiers que vous m'avez fait remettre par M. le baron de Surval ont été soumis dans le temps au roi; et je crois me rappeler que Sa Majesté les a remis au ministre de la guerre. Je me vois avec regret, Monsieur, dans l'impossibilité de vous faire le renvoi que vous réclamez.

Veuillez bien agréer, Monsieur, l'assurance de mes sentimens les plus distingués.

Le baron FAIN.

XI.

A M. LE MARÉCHAL SOULT,
MINISTRE DE LA GUERRE.

Monsieur le Maréchal,

L'avis de ma retraite m'ayant fait réclamer à M. le baron Fain le mémoire que j'avais adressé au roi dans les premiers jours de juin, il m'a répondu par sa lettre d'hier 5 qu'il l'avait soumis au roi dans le temps, et que Sa Majesté vous l'avait remis. Comme ce mémoire n'est que la copie des lettres réunies que je vous ai écrites, et au président du conseil, et que déjà vous deviez les avoir en double, puisque ce dernier vous les avait transmises, je vous prie donc de me renvoyer ces papiers que je veux faire imprimer. A tort ou à raison, je crois que leur publicité justifiera éminemment ma conduite. Le public jugera au surplus entre le gouvernement et moi.

Ne flattant point les partis, je m'attends bien à ne pas plaire à tout le monde, aux traîtres et aux lâches surtout ; mais je commanderai l'estime de tous, et c'est ce qui me distinguera de plusieurs grands personnages qui jouent les premiers rôles de notre drame politique avec la réputation la plus tarée.

J'ai l'honneur d'être, **M.** le maréchal,

Votre très-humble serviteur,

Le maréchal de camp retraité,
Baron DE VAUTRÉ.

Ce 6 août 1831.

A M. le maréchal Soult.

XII.

Ministère de la Guerre. — Secrétariat général. — Bureau de la Correspondance génerale.

Paris, le 9 août 1831.

Général, j'ai reçu la lettre que vous m'avez écrite le 6 de ce mois, pour réclamer un mémoire que vous avez adressé au roi dans les premiers jours de juin dernier, et qui m'a été renvoyé par Sa Majesté.

Comme il n'est point de règle de rendre aucune pièce ni aucun mémoire remis ou renvoyé aux ministres, je vous préviens avec regret que je ne puis satisfaire à votre demande.

Le ministre secrétaire-d'état de la guerre,
Pour le ministre et par son ordre,
Le secrétaire-général,
BARADÈRE.

M. le maréchal-de-camp, baron de Vautré.

CONCLUSION.

Les ministres de Louis-Philippe ont agi à mon égard comme ceux de Charles X envers le général Lamarque, il y a treize mois; avec cette différence, qu'il sait bien n'avoir dû sa retraite qu'à sa nomination de député et à ses grands talens de tribune, tandis que moi je ne connais pas encore les motifs de la mienne.

Dans l'un et l'autre cas, les ministres avaient le droit de commettre un acte d'iniquité sans être obligé d'en donner la raison.

Cela seul devrait faire sentir la nécessité à la législature de rendre une loi pour réprimer les abus du pouvoir, si l'on veut que les Français soient gouvernés par la justice. Le gouvernement y est encore plus intéressé que les individus, sa stabilité en dépend; car il sait bien que les injustices révoltent les hommes et les peuples.

Il est évident :

1º Que le maréchal Soult et M. Casimir Périer ont lu mes lettres et ont refusé le rapport que je demandais, qui aurait éclairci la vérité et fait rendre justice à qui de droit;

2º. Que le roi a lu cette correspondance; et d'après l'opinion que je me suis faite de ses sentimens d'équité, je ne puis qu'y avoir gagné dans son esprit. Mais il n'a pas cru devoir ordonner de rapport; c'eût été blâmer ses ministres de ne pas l'avoir fait.

3º. Je dois m'attendre à ce que les successeurs du ministère actuel seront plus dignes que lui de la confiance du roi et de la vieille armée, en s'empressant de réparer un acte d'iniquité aussi révoltant.

www.ingramcontent.com/pod-product-compliance
Lightning Source LLC
LaVergne TN
LVHW021745080426
835510LV00010B/1334